# WER WEIß?

# Martina Jenner

# Wer weiß?

Sozialkritische Gedichte mit einem Hauch Ironie
und vielen Fragen.

BOD

Martina Jenner
Wer weiß?

Herstellung und Verlag:
Books on Demand GmbH, Norderstedt

Printed in Germany

**ISBN:** 9-783842-33138-9
Erste Auflage Oktober 2010

**Homepage:**
http://www.die-rote-feder.de

## Vorwort

Wer weiß denn schon, ob alles so ist wie es ist, oder der erste Eindruck nur täuscht.

Manchmal ist die Wahrheit nicht „wirklich" und die Lüge nicht „echt".

Vieles weiß man nicht und will es auch nicht wissen.

Hin und wieder wird man daran gehindert etwas Bestimmtes zu erfahren und zu wissen.

Gelegentlich redet man zuviel über etwas, von dem man gar nichts wissen kann.

## Krieg

Wir brauchen keine Kriege,
denn wir führen diese,
bereits seit Jahren oft sehr erbarmungslos,
in unzähligen Anfeindungen gegeneinander.

Oft beginnen wir sehr früh,
schon in den Schulhöfen damit.

## Meine kleine Schatzkiste

Voller Begeisterung und *ELAN*,
geh ich die Dinge richtig an.

Zu meiner Seite steht mir das nötige WISSEN,
welches ich niemals möchte vermissen.

Ein Fünkchen des Elements der WEISHEIT,
hilft mir zu tun – zur richtigen Zeit.

Das kleine Quäntchen Namens Glück,
trägt dazu bei auch ein kleines Stück.

Der GLAUBE mit zum Erfolg beiträgt,
wenn man die Gegebenheiten richtig abwägt.

Mit HOFFNUNG starte ich mein Projekt,
dabei habe ich das Wesentliche schon abgecheckt.

Eine große Prise GEDULD zu haben,
hilft mir nicht gänzlich zu verzagen.

Begleitet von der nötigen SORGFALT,
zeigen sich gute Ergebnisse ganz bald.

Hat man das geeignete VERTRAUEN,
kann man ganze Häuserblocks aufbauen.

**Richten**

Du erzählst mir, dass du kein Richter sein willst
und möchtest niemals über andere richten.

Dabei bist du schlimmer noch, mit deinem
verurteilendem Geschwätz über andere,
längst schon dabei, sie zu vernichten.

## Das Leben

Das Leben ist kein lustiges Würfelspiel,
wenn man nicht acht gibt, dann verliert man viel zu viel.
Das Leben ist kein Zuckerschlecken,
wenn man sich will an die hohe Decke strecken.
Das Leben ist nicht immer ein Streichelzoo,
manches passiert einem, einfach so.

Das Leben ist wie ein Karussell,
es dreht sich dabei rasend schnell.
Das leben ist im Grunde lebenswert,
auch wenn man manches macht verkehrt.
Das leben hält für Dich viele Aufgaben bereit,
daher ist es besser, man vergeudet nicht zuviel Zeit.

## Meinung

keiner bringt mich aus dem Konzept,
denn meine Meinung ist stets felsenfest.

Nur meine eigene Meinung hat Gewicht,
was die anderen sagen,
das interessiert mich nicht.

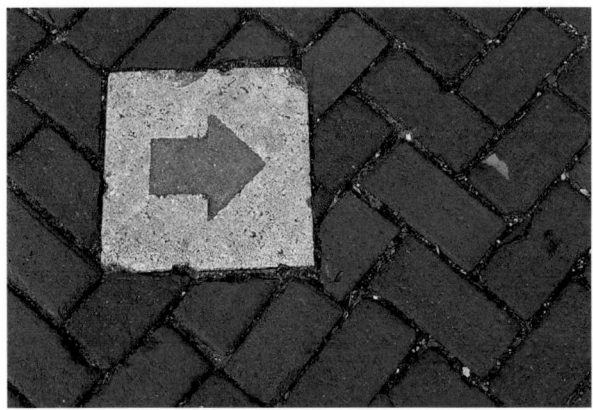

## Reich und Berühmt

Wenn auf Dich niederfällt der große Geldsegen,
sie Dir ganz rasch den roten Teppich auslegen.

Bist Du erst richtig reich und überall bekannt,
so kommen deine falschen Freunde angerannt.

Wenn Du nicht mehr berühmt bist und reich,
bist Du den meisten ganz gleich.

## Wunderland

In den schillernden Seifenblasen, die ein Kind mir
entgegenpustet, erkenne ich die vergangenen
Märchen und Wunschträume wieder.

Leben in einer Phantasiewelt in der alles möglich ist.
Wandeln durch verzauberte Landschaften,
geheimnisvolle Gebäude und Häuser.

Das Sprechen mit den Tieren und den Pflanzen.
Die Begrenzungen und Unüberwindliches einfach
fortzaubern können.

Glückliche Wesen tanzen und sich freuen sehen.

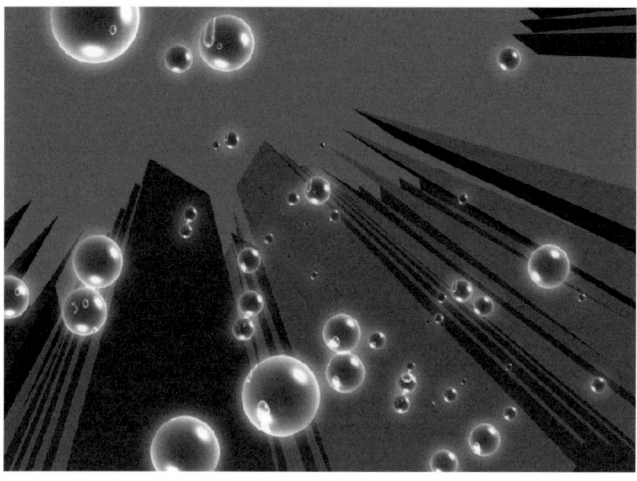

## Aussortiert

Die Haltbarkeit eines Arbeitnehmers ist von kurzer
Zeit,
in den Startlöchern stehen junge Kräfte bereit.

Wenn an der Absage, der Altersgrund auf einem
gelben Zettel steht,
dann weiß man, man ist bereits zu alt,
es ist zu spät.

Baut man blindwütig eine Abteilung auf durch
angebliche Titelgrößen,
ist man schnell bereit, bestehende Verträge
böswillig zu lösen.

## Ein Sonntagmorgen alleine

Wunderbare Stille in den menschenleeren Räumen.
Ewig lange kann man dösen und ein bisschen träumen.

Es gibt kein Ziel und niemand fordert ein Resultat,
der Tag hält einige schöne Momente parat.

Da plötzlich ein leiser Knall,
die Seifenblase ist in tausend Träume zersprungen.
Jetzt bin ich wieder in der Realität.

**Macht I**

Nimm Dich auf jeden Fall vor dem in Acht,
der missbräuchlich gebraucht seine gegebene Macht.

Nicht jeder der sie erhält, weiß was sie für ihn und andere tatsächlich bedeutet,
er statt dessen Zeit und Ressourcen mit falschen Anweisungen vergeudet.

Im Rausch der unermesslich und bedrohlich angewandten Macht,
haben sie des Öfteren nur an ihre eigenen Bedürfnisse gedacht.

Nur wer die Macht sinnvoll und weise nützt,
das Wohlergehen seiner Gemeinschaft schützt.

## Liegengelassen

Lange unbeachtet und einfach ignoriert,
immer wieder auf morgen verschoben,
für nicht so wichtig gehalten,
sträflich vernachlässigt,
sei es Mensch, Tier, Sache oder etwas
anderes, findet oft erst dann die
Beachtung und Wertschätzung,
nimmt es irgendwann ein anderer.

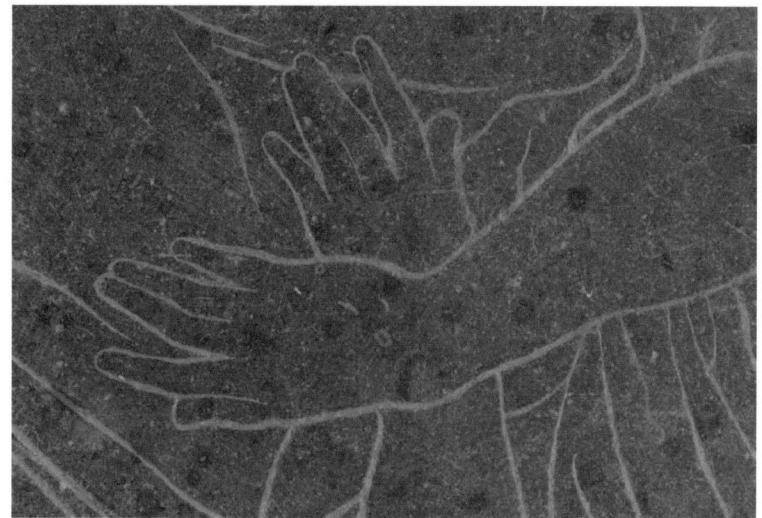

## Entscheidung

Manchmal frage ich mich auf meinem Weg ob ich die richtige Entscheidung habe getroffen,
auf die Antwort und das Ergebnis kann ich in Bälde erwartungsvoll hoffen.

Bevor ich wählen müsste, hätte ich lieber in eine Glaskugel gesehen,
um zu wissen wie es vergleichsweise würde auf den unterschiedlichen Wegen weitergehen.

Nie mehr durch Irrtümer und falsch getroffene Entscheidungen leiden,
Fehler und Zeitverluste würde ich zu gern für alle Zeiten vermeiden.

Was wäre denn passiert, wenn ich vielleicht wäre einen anderen Weg gegangen,
hätte ich nichts oder vielleicht doch etwas wirklich besseres angefangen?

## Nur ein Moment

Nur ein Moment der Aufmerksamkeit
und Hilfe für andere kann helfen
Leben zu beschützen, oder gar zu retten.

Aber nur ein Moment des Zerstörens
vermag eine lebenslängliche
Qual herbeizuführen.

Jeder hat die Wahl der Entscheidung.
Er wird das Schicksal der Konsequenzen
früher oder später alleine tragen.

## Leit(d)linien

Laut drängt durch die Zeitungspresse
ein großer Skandal in das grelle Scheinwerferlicht,
dass eine Person oder Institution ihre Leitlinien
rücksichtslos bricht.

Dann werden wieder neue Regeln den alten angepasst,
damit man in eine ordentliche Gesellschaft reinpasst.

Sorgfältig werden diese in einem Gremium verarbeitet,
so dass künftig keiner mehr öffentlich von diesen
Vorgaben abgleitet.

Leitlinien werden gerne nach Außen propagiert,
dennoch weiter werden in den Jahren ihre Opfer schikaniert.

Anstatt schlimme Taten in Ordnung zu bringen,
ist es den Verantwortlichen wichtiger ihren vermeintlich
guten Ruf in der Öffentlichkeit zu erringen.

## STREIT

Sich hin und wieder einmal streiten,
seine Meinung zu vertreten,
ist in wesentlichen Dingen wichtig.

Ewig zu jammern und zu lamentieren,
ist jedoch auf Dauer nicht ganz richtig.

## Schuldfrage

Zu vieles ging in dieser Angelegenheit daneben,
da hilft es nur noch eine Grube auszuheben.

Damit alle verdächtigen Spuren sind restlos verwischt,
wird nun eine Lüge nach der anderen aufgetischt.

Es tagt der ausgewählte Kollegenrat,
man beschließt einen Sündenbock zu stellen parat.

Gemeinsam hilft sich der Mob die eigenen Fehler zu verstecken,
Lieber soll der ausgewählte Sündenbock beim großen Chef anecken.

Er allein ist überhaupt der einzige der schuld ist an allem,
deshalb lässt man ihn in den tiefen Abgrund herunterfallen.

## Freundschaft

Wie schnell benennst du eine Freundschaft,
aber bist jedoch nicht dazu bereit.

Zu schnelle Vertraulichkeit ergibt selten ein Fundament,
sie zerbricht zu oft gleich nach dem ersten großen Streit.

Sind zudem auch noch zu verschieden die „gemeinsamen"
Interessen, kann man eine gute dauerhafte Freundschaft,
schon sehr bald ganz vergessen.

Ist der eine nicht satt, und macht den anderen fast
unmerklich stets lächerlich und klein,
so kann das niemals eine vertrauensvolle Freundschaft sein.

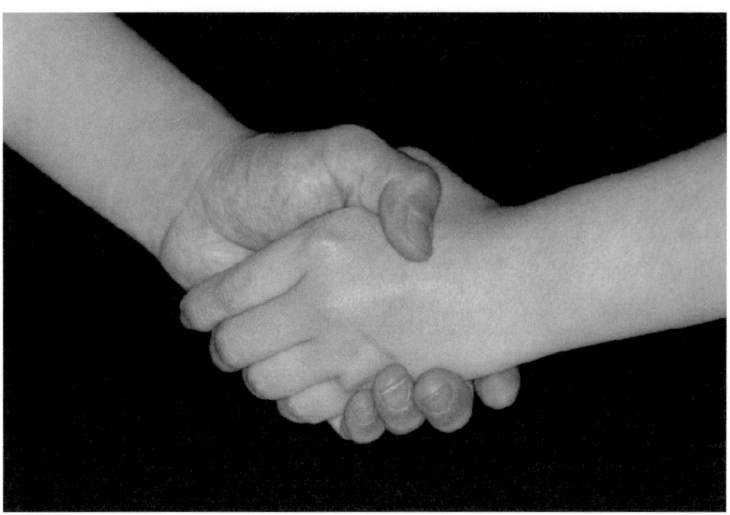

## Papierberge

Es sind noch Berge von Papierkram zu erledigen, oh graus!
Jede Menge Briefe und Formulare, wie füll ich die bloß aus?
Geplagt bin ich mit unzähligen beiliegenden Anlagen,
bald muss ich mich damit ans abarbeiten wagen.

Hoffentlich hab ich bis jetzt noch keine Frist versäumt,
es geht mir wieder besser, ist das erledigt und aufgeräumt.
Endlich hab ich das nun hinter mir und wohl jetzt meine Ruh,
da kommt gerade der Postbote mit weiteren Briefen im Nu.

**Macht II**

Wer sich mit allen Mitteln die Macht über andere Menschen erraubt,
die freie Meinung und die Demokratie leider erbärmlich abbaut.

Selbst im kleinen vertraulichen Menschenkreis,
zahlt mancher für das Machtgebaren einen hohen Preis.

Wer ständig die Meinungen der mutigen Minderheiten niemals akzeptiert,
auch er irgendwann bei seinen Fürsprechern die Glaubwürdigkeit verliert.

## Was sollen denn die anderen denken?

Was sollen denn die anderen nur über einen denken,
ungern will man seinen sauberen Ruf verschenken.

Zeitweise ist man so sehr auf das was andere denken
und sagen bedacht,
dass man wie ein feuerspeiender Drache argwöhnisch
darüber wacht.

Deshalb wird mit aller Kraft die Wahrheit zurechtgebogen,
man hofft dass sich damit glätten die hohen Empörungs-
wogen.

Wenn einer es wagt genauer zu hinterfragen,
so geht es ihm mit aller Vehemenz an seinen Kragen.

**Für Maren**

Gerade jetzt steckst du leider in schweren Zeiten
und fühlst schmerzlich Verlust und Leiden.
Ein lieber Mensch wurde dir genommen.

Seine schwere Krankheit hast du zuvor mitbekommen.
Du fühlst Ratlosigkeit und tiefe Trauer,
weißt nicht wie lange sie ist von Dauer.

Auch wenn es dich schmerzt in die Gefühle zu gehen,
wirst du daran wachsen, aber dieses erst später sehen.
Der Tod ist endgültig und erscheint uns gnadenlos,

er nimmt uns das was wir sehr lieben, oft rücksichtslos.
Doch für den, dem sein Leben war nur Leiden und Qual,
ist der Tod eine Erlösung, wenn er hätte die Wahl.

**Ein Projekt**

Es ist endlich soweit, das Projekt wird mit Begeisterung initiiert,
sind dann die Posten verteilt, ist in der Regel immer einer dabei pikiert.

Fest vorgegeben sind umfangreiche Pläne mit einem klar strukturierten Arbeitsablauf,
meist kommt es dann sowieso ganz anders, mit großer Sicherheit kann man sich da verlassen darauf.

Oft fehlen bei fast jedem Projekt sehr wesentliche Informationen,
die das vorgegebene Budget und den Zeitplan zu keiner Zeit verschonen.

In der arbeitsintensiven Phase glühen die Mitarbeiter und auch ihre Computer,
mit Erschrecken stellen sie fest, dass die Zeit ihnen läuft aus dem geplanten Ruder.

Wie immer sind die Zeit und Vorgaben viel zu knapp bemessen,
das glückliche Präsentieren des Projekts zum Ende kann man vergessen.

Ist dann das Projekt einmal endlich vollständig abgeschlossen,
hat man in den Arbeitsphasen inzwischen einige Beteiligte abgeschossen.

In diesem Falle nützt einem kein engagierter Fleiß,
wenn sich der Kollege besser zu verkaufen weiß.

## Hör auf

Hör endlich auf ständig zu träumen,
viel zu viele gute Chancen zu versäumen,
Luftschlösser noch auf Sand zu bauen.

Wirklich leeren Versprechungen zu vertrauen,
dich mit sinnlosem Geschwätz und Zeitfressern abzulenken
und dadurch wertvolle Zeit durch Trivialität zu verschenken.

## Meinung sagen

Manch einer ist zuweilen sehr empfindsam und sensibel,
was Du zu ihm sagst,
es ist daher gut abzuwägen, wenn Du deine Meinung zu
äußern wagst.

Der andere Zeitgenosse über Deine Aussagen von Dir eher
mault,
den anderen hast Du vielleicht stattdessen sehr viel schneller vergrault.

Wenn man ausspricht, was man so über manche Dinge
denkt,
kann es sein, dass man eine wacklige Freundschaft ganz
schnell verschenkt.

## Lang mal breit

Wer nicht über sich hinauswächst,
wächst meistens in die Breite.
Wer neben sich steht, ist entweder
nicht bei sich, oder in doppelter
Form vorhanden.

Wer ewig gedrückt wird,
geht in die Breite,
oder versinkt im Boden

## Überblick verloren

Früher war alles wesentlich einfacher und klar,
der Krankenkassenbeitrag nur in einer Summe war.

Leider währte für die Versicherten nicht lange das Glück,
die Beiträge wurden stetig ergänzt Stück für Stück.

Nach und nach müssen wir Positionen unterschiedlichster
Art zuzahlen,
in dramatischer Darstellung sie uns die Finanzlöcher der Kassen ausmalen.

Bei welcher Versicherung wir auch bleiben,
bald können viele von uns auch die roten Zahlen schreiben.

## Lebenssinn

Eingefangen in Strukturen und dem überlebensnot-
wendigen zu erfüllenden Alltagstrott,
fragst du dich immer öfter, warum du auf diesem
Planeten weilst.

# Widerspruch

Gar so vieles wird ungefragt über unsere Köpfe hinweg entschieden,
Wir nehmen es murrend hin, weil wir den Widerspruch stets vermieden.

Das ist ebenso, da kann man als „kleiner Mann" nichts machen,
zu viele Entscheidungsträger „die da oben" ihre Versprechen einfach brachen.

Stuttgart 21 und noch mehr Projekte erfordern des Bürger Duldung,
aber gleichzeitig munter wächst sie an die hohe Staatsverschuldung.

Zu viele Projekte sind in ihrem Erfolg fraglich, aber viel zu teuer,
- macht nichts -, denn dafür erhöhen sie ganz einfach wieder einmal die Umsatzsteuer.

## Party

Lachen, feiern, freuen, sich vergnügen,
das kurze Leben genießen in vollen Zügen.

Irgendwann kommt für jeden sicherlich die Zeit
In der man sich zum Abschied hält bereit.

Zieht man dann ganz nüchtern und konkret Bilanz,
erkennt man so manch unnötigen „Tanz".

## Nachrichten

Manchmal möchte ich mir die Tagesnachrichten nicht mehr ansehen,
einige Entscheidungen unserer Volksvertreter kann ich leider nicht verstehen.

Die wirklich guten Nachrichten sind immer noch viel zu selten,
gibt es nicht noch mehr davon, man müsste jede einzelne davon melden.

Eine schlechte Nachricht folgt fast auf die nächste - beinahe pausenlos,
wenn man sich das so anhört, wird der Frust schon ziemlich groß.

## Unnötiges Wissen

Wieso müssen wir fas alles wissen, das meiste ist sowieso nur zum verdrießen.

Tagtäglich hören wir von einigen anderen Dingen, die uns nicht immer weiterbringen.

Die für uns wesentliche Erkenntnistendenz, liegt meist auf einer anderen Erfahrungsfrequenz.

Was manche Zeitgenossen über andere ablassen, kann man derweilen nicht mehr in Worte fassen.

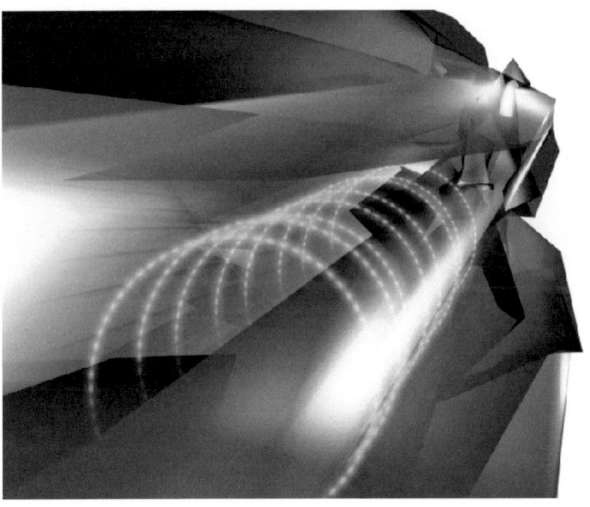

**Du bist ein Nichts**

Lass dich nicht von Dir schlecht gesinnten Menschen beirren,
entferne Dich rasch aus ihren negativen Gewirren.

Mit fiesen Worten wollen sie Dein Selbstbild zerstören,
es ist für Dich besser auf dich selbst zu hören.

Lass Dir nichts Dummes über Dich erzählen,
Deine Zukunft kannst Du selber wählen.

Sie entmutigen Dich dann und wann,
fang am besten keinen Streit mit ihnen an.

Zieh Dir nicht immer an die fremden Schuhe,
entscheide für Dich ganz allein in Ruhe.

## Mut

In so vielen kritischen Situationen hält man
gerne seinen Mund,
denn die eigene Wahrheit zu vertreten,
hält man zu oft für ungesund.

In manchen Zeiten schaut man lieber weg,
für den anderen zu helfen, sieht man keinen Zweck.
Kommt man irgendwann einmal in die Lage,
ist die Hoffnung auf Hilfe dann auch wage.

Wenn man andere Hilfe in der Nähe sucht,
sind die nächsten Zeugen auf der Flucht.

Beweist man in Krisensituationen den nötigen Mut,
dann kann man vor sich selber ziehen seinen Hut.

**Zu-schuss-verlage?**

Geächtet sind die Autoren der aus dem Boden gestampften
Zuschussverlage,
ob sie nicht doch wirklich gut schreiben steht in absoluter
Frage.

Du sollst dann zahlen ein paar Tausender an diesen Verlag,
doch auf deinen Erfolg hoffst du vergebens Tag für Tag.

In ihren seitenlangen Werbebroschüren den bunten,
ist dein Werk an allerletzter Stelle genannt ganz unten.

Der Autor ist endgültig gebrandmarkt nun für alle Zeiten,
lass dich auf keinen Fall von falschen Versprechungen verleiten.

Kalkuliere für dich sinnvoll und sei schlau,
nur auf deine Initiative deinen Erfolg aufbau.

## Reden

Es reden so viele Menschen von Verantwortung
Und tragen sie nicht.

Sie sprechen von Liebe
Und töten sie.
Sie erzählen von Barmherzigkeit und Spiritualität
und sündigen.

Sie rühmen ihre Hilfsbereitschaft
und nutzen andere aus.

Sie betonen ihre Toleranz
Und verachten Nichtgleichartige.

Sie plaudern über ihre Intelligenz und Bildung
Und sind unbeholfen.

Worüber redest Du?

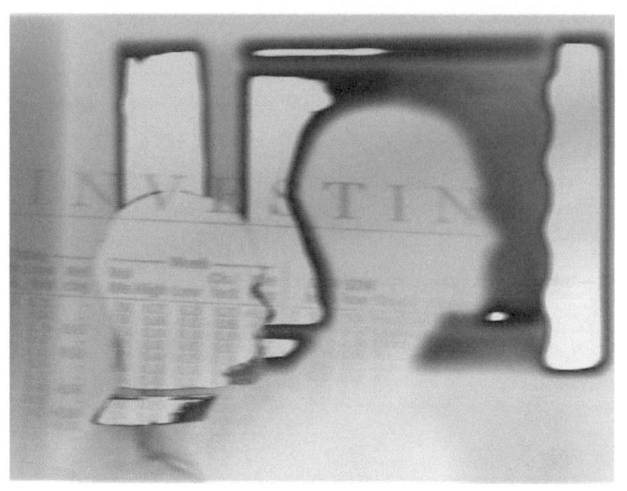

**Welt zu klein**

Wenn vieles ist zu klein und nicht mehr gefällt,
in ihrer kleinen Forschungswelt.

So fliegen sie mit Shuttles und mehr auf den Mond,
um zu erforschen ob sich dort das Leben lohnt.

Sie suchen wissbegierig nach anderen Planten,
Könnte man da noch mehr machen an Moneten?

Sie richten auf das Weltall ihr Stativ,
denn sie wollen ein Ergebnis effektiv.

Die Erde ist inzwischen zu voll mit Problemen und Dreck,
da noch weiter zu investieren hat für sie keinen Zweck.

Die Forschung hat noch nicht alle Risiken ausgeräumt,
so mancher Forscher von Ruhm und Ehre träumt.

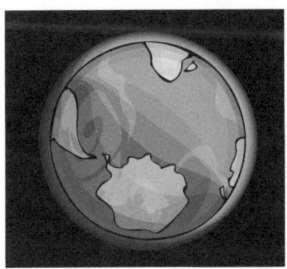

**Unklar**

Wer weiß, was tatsächlich ist wahr,
wenn zuviel Verwirrung ist da.

Wenn gar nichts mehr ist klar,
sind die Dinge einfach nur sehr sonderbar.

Herausfinden aus dem schwierigen Lebenslabyrinth,
wenn die richtigen Wege nicht gleich zu finden sind.

**Geiz ist geil**

Hast du in dem Wulst der vielen Endlossätze das Kleinge-
druckte übersehen,
so sei dir sicher, so schnell lässt dich dein gewiefter Ver-
tragspartner nicht rausgehen.

Ach so tolle Produkte, Leistungen und Angebote be-
kommst du schon ganz billig,
diese Verkäufer finden immer wieder Menschen die dafür
einzukaufen sind willig.

In ihren endlos währenden teuren Warteschlangen,
ist man bei Anfragen ganz rasch verfangen.

Ist das Konto des Kunden irgendwann leer,
so muss darauf der nächste Käufer her.

Hält dann das Produkt nicht was der Verkäufer Dir ver-
spricht,
ist der hierfür Verantwortliche längst nicht mehr in Sicht.

Für Dein Sparen am falschen Ende,
reiben sich diese Verkäufer freudig ihre Hände.

## Kurze Nacht

Wieder war sie gerädert und malade aufgewacht.
Hatte sie auf einer Party eine lange Nacht draufgemacht?

Ein erster Schluck aus der neben ihrem Bett stehenden
Wasserpulle,
etwas später frühstückt sie dazu noch eine kleine
Butterstulle.

Müde und benommen torkelt sie in ihr Bad,
ein Blick im Spiegel, - oh wie ist der Tag so fad.

Wenn ihr Baby die ganze Nacht laut schreit,
hat sie zum schlafen viel zu wenig Zeit.

Dennoch sind ihr ihre Augenringe einerlei,
denn auch diese anstrengende Zeit ist bald vorbei.

## „Prügel" angedroht

Es wird dir von dem Gruppenmobber „Prügel" angedroht,
wie ist diese Gesellschaft bereits verroht.

Alle aus der Gruppe prügeln nun auf Dich ein,
denn keiner will ein Außenseiter sein.

Hast Du den Widerstand gegen ein schlechtes System ge-
wagt,
wirst du nun mit argen Anfeindungen von ihnen geplagt.

Die Umherstehenden schauen alle weg,
denn zum helfen sehen sie für sich kein Zweck.

Weil sie einsam sind und nichts als ihre Bosheit haben,
sie das auf deinem Rücken gemeinsam austragen.

Sie wollen nur dein Geld und deinen Gehorsam, gehen da-
für zu weit,
für die tatsächliche Wahrheit nimmt sich keiner Zeit.

Du hast unabdingbar für sie zu kuschen,
denn es geht darum, das schlechte zu vertuschen.

Um Gruppenboni zu erhalten haut dann jeder zu,
vor ihren Schandtaten findest du keine Ruh.

Bist du irgendwann einmal entschwunden,
haben sie sehr bald ein neues „Opfer" gefunden.

Sie sind äußerst arm in ihrer Seele und dem Geist,

ihre Empathie ist seit langer Zeit bereits vereist.

Willst Du als Täter in der Gruppe nicht mehr mitmachen,
dann hast auch du sehr bald nichts mehr zu lachen.

Sie kennen kein Erbarmen und auch keine Moral,
wie sehr der andere darunter leidet ist ihnen ganz egal.

Denn sie haben inzwischen Freude an Deiner Qual,
ihnen stehen dafür fiese Mittel zu ihrer Wahl.

Sie plagt bei ihrem Tun nicht einmal das noch geringste
Gewissen,
Verstand und Ehre kann man bei ihnen enorm vermissen.

**Strafzettel**

Es ist leichter einen Strafzettel zu schreiben,
als das Geld von „anerkannten" Wirtschaftverbrechern ein-
zutreiben.

Es ist leichter KFZ-Steuern einzuklagen,
als sich an die Fragestellung zu explosiv teuren Bauvorha-
ben zu wagen.

Es ist leichter ein Auto an einen Abschlepphaken zu hängen,
als auf die richtige Einhaltung von Kinderschutzgesetzen zu
drängen.

# Der „blinde" Auditor

Wer hat Angst vor dem strengen Blick des Auditor?
Manch einer von ihnen geht ganz anders vor.

Mit Argusaugen werden geprüft die Mitarbeiter und die Akten,
einiges wird eingestuft als weiche anderes als  harte Fakten.

Gibt es Fehler in so einigen Führungssystemen zu erkennen,
wird er auf Wunsch nur die weniger gravierenden  benennen.

Denn durch ein schmackhaftes und üppiges Mittagessen,
lässt sich ein wirklich korrektes Audit gern mal vergessen.

Einigen geht es nur um den Siegel für Qualität, dem Zertifikat,
doch im Notfall liegen im Verbandskasten keine Pflaster parat.

Man sich aus eigener Kulanz nicht durch alle Akten liest,
weil man sonst seinen nächsten Auftrag schnell vermiest.

Schließlich braucht man noch mehr Geld,
denn letztendlich nur der Besitzstand zählt.

## Respekt

Nur eine Hausfrau sagst du und hast sie in deine Schublade
herein gesteckt,
gerade weil du dich für etwas besseres hältst,
zoll ihr bitte mehr Respekt.

Ach, der da draußen ist doch nur ein kleiner Straßenkehrer,
dennoch könnte er dir sein ein Lebenslehrer.

Soso, die kleine ist wohl als Tippse in einem Büro angestellt,
doch auch sie bewegt die Dinge in der großen Welt.

Der ist doch nur ein kleiner Landarzt äußerst du ganz unbe-
dacht,
jedoch hat er mit seiner Hilfe für die Kranken es inzwischen
weit gebracht.

Da schau an, die ist schon eine ganze Zeitlang arbeitslos,
erinnere dich daran, kam nicht J.K. Rowling durch ihren Fleiß
Idee und Mut, heraus ganz groß?

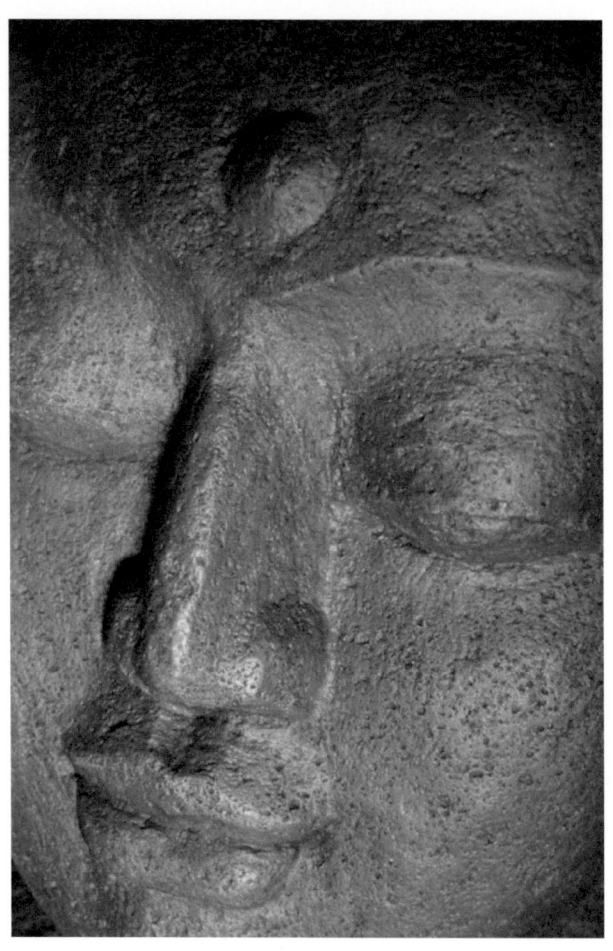

## Frühzeitig

Es naht die Zeit der Feier zum Erntedank,
bereits schon ab September können wir Weihnachtsmarzipan
horten im Vorratsschrank.

Am Heiligabend bringt uns der Weihnachtsmann die erwarteten Geschenke an,
währenddessen unser Wetterthermometer zeigt sommerliche
Temperaturen an.

Ganz sicher werden sehr bald kurz nach Silvester,
im Kaufregal feierlich drapiert die Osternester.

## Mein Ding

Von missgünstigen Menschen lasse ich mir nicht sagen über mich schlechte Tendenzen,
dabei überschreite ich die mir gesetzten Grenzen.

Vieles lasse ich mir einfallen um mein Ding zu machen,
da könnt ihr meinetwegen darüber lästern oder lachen.

Mein Durchhaltevermögen und mein Tun, geben meinen Zielen Recht,
da endlich verstummen die Zweifler und staunen dabei nicht schlecht.

Ist der Weg auch noch so steinig und beschwerlich,
bleibe ich mir selbst und meinen Zielen gegenüber ehrlich.

Es wird ganz sicher werden kein leichter Spaziergang,
dennoch wage ich das Risiko und mache den Anfang.

**Postsache 1**

Noch unbekümmert schlummert es in seinem Umschlag ganz unsichtbar verhüllt,
bei den vielen Briefen und den bunten Werbestapeln hatte ich es aus Versehen fast zerknüllt.

Gerade ziehe ich den unscheinbaren Brief aus dem hohen Stapel im Altpapier,
so ist das also eine Meinungsumfrage mit „toller" Gewinnchance schickt man mir.

## Erben

Es scharren sich die Erben vereint um die die reich sind und am sterben.

Nach ihrem Tod wird ihnen einstimmig ein geistiges Denkmal gesetzt,
des Öfteren hatte man sie leider vorher ignoriert und verletzt.

Zuvor hatte fast jeder selten Zeit für sie, sie einfach vergessen,
jetzt ist man dabei die geerbten Güter haargenau zu vermessen.

Nach der heiß ersehnten Testamentseröffnung gibt es viel Zank und Streit,
weil keiner von den lieben Erben ist zum Teilen mit dem anderen bereit.

Es ist die Zeit in der düstere Geheimnisse und Geschichten wieder werden aufgewärmt,
der eine oder auch der andere der Erben erinnert sich daran inzwischen ganz verhärmt.

## Das „fiese" Haus

Ein frisch erworbenes gut präsentiertes Häuschen manch
böse Überraschung enthält,
erkennt man es, so ist man nach dem ersten Schreck meist
auf sich ganz allein gestellt.

Ist der Verkäufer nicht mehr zu erreichen.
So müssen alle hoffnungsvollen Träume weichen.

Prächtig wuchernde Pilzverflechtungen im Gemäuer blühen,
um sie zu beseitigen muss man sich schon sehr abmühen.

Mehr und mehr entdeckt die versteckten Mängel,
dagegen helfen kein Beklagen und auch kein Gequengel.

Gekauft wie besehen bedeutet oft rückhaltlos erworben,
vielen ist dabei die Freude am Haus für immer verdorben.

## Verdienst Geld

Mit einem Blicke siehst Du am Monatsende Dein Einkommen
vor dir ganz klein,
denn die wirklich beachtlichen Gewinne fahren die anderen
ein.

Manchmal fragst Du dich irgendwann, was soll denn nur die
ganze Schufterei,
wenn Du nur sehr wenig verdienst, trotz anstrengender Pla-
ckerei.

Die lang ersehnte Gehaltserhöhung ist leider immer noch
nicht in Sicht,
auch wenn man sie immer wieder jedes Jahr wohlmeinend
Dir verspricht.

## Erfahrungsschatz

Mit großen Schmerzen leider ist verbunden,
hat man endlich reifend zur wahren Erkenntnis gefunden.

Manchmal hat man eine falsche Entscheidung getroffen
Und kann dann nur auf einen guten Ausgang hoffen.

Auf die falschen Menschen und Versprechen vertraut,
man dann wieder neue Beziehungen hoffnungsvoll aufbaut.

## Brötchenprozesse

Es strengt an, der auserwählte Kreis der Noblesse die dies-
jährigen anstehenden „Brötchenprozesse".

Brötchen essen von der Sandwichplatte des Catering,
Das ist schon Betrug, ein wirklich arges Ding!

Wer steckt den schon ein den billigen Kassenbon,
das ist gegenüber seinem Chef gar ein böser Affront.

Das Kinderbett vom Sperrmüll an der Strasse holen,
bezeichnet man ganz haargenau nur als gestohlen.

Zu guter letzt auch noch Maultaschen heimlich einstecken,
noch viel mehr kann man bei Diebstahl nicht anecken.

Da lob man sich der „Cleveren" Boni-Millionen,
denn nur dieses kann sich auf Dauer wirklich lohnen.

## Vertuschen

Will man schlechte Taten vor den Blicken der
anderen verstecken,
so setzt man an den Ruf der Entdecker
zu verdrecken.
Mit List und Tücke werden Bilanzen frisiert,
das ist schon ganz woanders passiert.

Großartig angelegte Kundenumfragen,
deren Ergebnisse nicht immer das richtige aussagen.

Selbstverständlich bestand niemals zu irgend
einer Zeit je eine Gefahr,
das müsste doch allen Ängstlichen sein sonnenklar.

Ist der Schaden durch den Zufall dann entdeckt,
sind die Menschen in aller Welt schon sehr erschreckt.

**Die da oben**

Manchmal fällt es einem äußerst schwer „die da oben",
für ihre Entscheidungen und Taten auch noch zu loben.

Manchmal kann man denken, dass die zu sehr in ihrer begrenz-
ten Welt sind verfangen,
so dass sie nicht mehr wissen, wie ihre Wähler bei den Konse-
quenzen der Beschlüsse müssen bangen.

Manchmal hofft man, das sie die Ergebnisse genauso wie „die
da unten" tragen,
vielleicht würden sie dann genauer ihre eigenen Entscheidun-
gen hinterfragen.

## Servicewüste ADE

Ein Kauf ist derweilen zu schnell getätigt,
nur mit einer einfachen Unterschrift bestätigt.

Bereitet mal etwas eine Schwierigkeit,
dann kostet es den Kunden Geld und Zeit.

Gefangen in allzu teuren Warteschleifen,
wann nur werden die Berater es endlich begreifen?

Ganz „versehentlich" wird gern doppelt abgebucht,
verzweifelt man die Positionen im Kontoauszug sucht.

Beschwerden werden patzig abgeblockt,
so wird auf Dauer das Vertrauen des Kunden ausgezockt.

Klar ist das der kritische Kunde ganz einfach stört,
weis er denn nicht dass sich in diesem Fall ein Stilles Dulden
gehört?

Ende

# Bisher veröffentlichte Bücher:

## Gedichtbände:

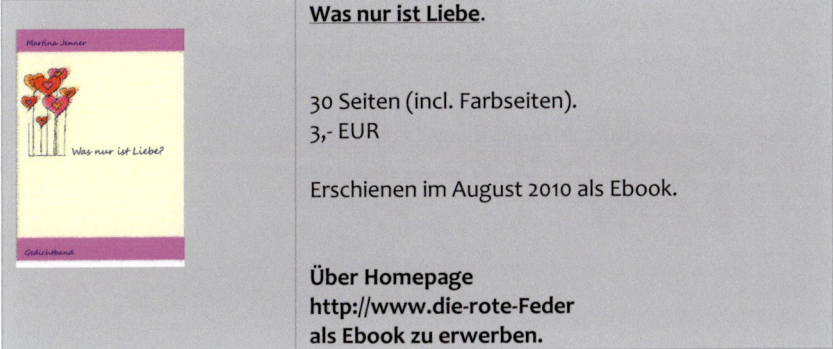

**Was nur ist Liebe.**


30 Seiten (incl. Farbseiten).
3,- EUR

Erschienen im August 2010 als Ebook.


**Über Homepage
http://www.die-rote-Feder
als Ebook zu erwerben.**

# Katzenserie:

### Die berufstätige Katze

Ein humoristisches Sachbuch zum Tag der Arbeit für oder mit der "Katze". In diesem Buch erfahren Sie endlich detailliert, was Ihre Business-Katze tagtäglich vollkommen - selbstlos- für ihren Unterhalt so leistet.

Mit kleinen Alltagsbeispielen, Berufsbeschreibungen, Tests, Tabellen und mehr.

180 Seiten (incl. 26 Farbseiten).
15,90 EUR

Erschienen im Juni 2010

**ISBN-13:**
**978-3-83913-808-3**

### Im Namen des Katzenvolkes

Humorvoll geschildert, wie Katzen und deren Halter mit dem von Menschen geschaffenen Paragraphenwerk leben und was sie selbst daraus machen. Bevor auch Ihre Katze in die bedenkliche Gefahr gerät durch „böse" Menschen verklagt zu werden, erfahren Sie wie Sie dem Risiko rechtzeitig vorbeugen können. Ergänzt mit vielen lustigen Kurzgeschichten.
168 Seiten (incl. 8 Farbseiten).
11,90 EUR

**ISBN:**
**978-3-8423-2722-1**

Erschienen im Oktober 2010